Τα Μάτια Ανοίγω

Copyright © 2002 Γιάννης Λαούρης
ISBN-13: 978-1-968816-00-1

Cover design: Graça Victoria
Τα δικαιώματα της εικόνας του εξωφύλλου αγοράστηκαν από το123rf.com

Περιεχόμενα

Γιάννης Λαούρης

ΑΛΦΑ. Κατάθεση

Σε μέρες πρωτόγνωρης αλλοτρίωσης, διαφθοράς και παρακμής για τον παγκόσμιο πολιτισμό, ίσως το μόνο όπλο αντίστασης ενάντια στη μέθη μαζικής αυτοκτονίας της Ψυχής των ανθρώπων να'ναι το ταρακούνημα της Συνείδησης με χρήση εξαϋλωμένων πυρών από άτρωτους φιλόσοφους μαχητές.

Είκοσι χρόνια καρτερώ την αφορμή, την έμπνευση, τον σπινθήρα εκείνο που θα ξεσηκώσει τον κοιμισμένο μέσα μου λύκο να προτάξει αδιαπέραστο άϋλο τείχος αντίστασης και με το ρουθούνιασμα του να σαλπίσει εγέρθητι σ' όλους τους κοιμώμενους λύκους στο παγκόσμιο χωριό μου.

Μέσα στο πυρακτωμένο από πολύχρωμο φως λαμπάδιασμα της σκηνής, οι λυγερές σκιές των τραγουδιστών εκτελεστών του έργου χοροπηδούν μπροστά στο παθιασμένο πλήθος που συνοδεύει σε ρυθμούς ψυχοκαθαρκτικού χορού.

Δέκα μέτρα μακρυά από τη ζωή της σκηνής, σε μαυρόασπρη ξεθωριασμένη προβολή, χρόνια από τους δικούς του λησμονημένος, ατημέλητος και μισκίνης, ο σύγχρονος Κύπριος, Φιλόσοφος.

Ωδή στο Μάνο Λοΐζου, Φεβρουάριος 2002, Συνεδριακό Κέντρο Λευκωσία.

Μάνο σε ευχαριστώ.

ΒΗΤΑ. Τα μάτια ανοίγω

I.   Τα βλέφαρα τεντώνω, την ψυχή μου στο
        υπερπέρας παραδίδω.

II.   Τα μάτια διάπλατα ανοίγω, άπλετο το
        φως του παρόντος, αλλά και του
        μέλλοντος να μπεί.

III.   Αφουγκράζομαι το βήμα των ανθρώπων.
        Αυτών που είναι γύρω μου, αυτών που
        πέθαναν, αλλά και αυτών που ακόμα
        δεν γεννήθηκαν.

IV.   Τα μάτια της ψυχής διάπλατα ανοίγω.

V.   Πέραν από τον ορίζοντα, το τέλος του
        δρόμου προσπαθώ να διακρίνω.

VI.   Νοιώθω τον ανήφορο.

VII.   Βρωμιά, ανατριχίλα. Κάτι καίνε.

VIII.   Το μυαλό μου σαλεύει, καίγομαι.

IX.   Βοήθεια Θεέ μου.

X.   Πάρε αυτό το πικρό ποτήρι, δεν αντέχω
        τα πάθη, άσε με να κοιμηθώ.

Γιάννης Λαούρης

ΓΑΜΑ. Τα μάτια σιγο-κλείνω

I. Σώπασε η όραση μου. Σβήσανε τα
βουητά απ' τα μυαλά μου. Κι' εγώ
νόμιζα πως Όλες (τις Αισθήσεις) τις είχα
τάχα κατανοήσει, Όλες τις είχα
επιστημονικά ταξινομήσει.

II. Χίλια ντεσιμπέλ φωνές, κραυγές,
κλάματα κι' αναφιλητά, σαν αστραπή
χάθηκαν στο κλείσιμο ενός φλεβάρου.

III. Πόση ηρεμία Θεέ μου νοιώθω στην Ψυχή
ίσα που μου στέρησα το Φως. Κι' όμως
άμα Όλες μ' αφήσουν, ένα με το Θάνατο
δεν θάμαι;

IV.   Είναι στιγμές αδυναμίας σαν κι' αυτές
        που δίκαια αναρωτιέμαι τι μένει, αν
        μένει, άμα Όλες με εγκαταλείψουν.

V.   Τα μάτια ξανανοίγω. Φώτα...

VI.   Ντράμς....

VII.   Σαν από καταδιωκτικό ελικόπτερο, σε
        τρισδιάστατο πυκνο-κατοικημένο
        συνοικισμό γυρω-φέρνω.

VIII.   Εικονοσφαίρες από υδραλιοβόλα την
        Ψυχή μου από όλες τις μπάντες
        διαπερνούν. Τι πόνος; Φλέγομαι.

IX.   Πρόσωπα γεμάτα αγωνία τα χέρια
        πλώθουν μα δεν με φτάνουν. Κραυγές.

βοήθειας από μυριάδες αγέννητους στα
αυτιά μου σαν βόμβες σκάνε.

X.   Λουλούδια ξηραμένα, ζώα φυλακισμένα,
παιδιά εγκαταλειμμένα.

XI.   Σ' αυτό το λαγκάδι σαν σε καρνάβαλο
άνθρωποι, πουλιά και ζώα, όλοι
μεταμφιεσμένοι.

XII.   Οι Ιδέες Όλες σε παραλήρημα θανάτου
σαν στρόβιλος προκλητικά μπροστά μου
παρελαύνουν. Ηράκλειτος, Αριστοτέλης,
Πλάτωνας, Σωκράτης, Χριστός,
Μωάμεθ, Κάντ, Νίτσε, Μαρξ …

XIII.   Δυόμιση χιλιάδες χρόνια η ίδια μάχη
ιδεαλισμός υλισμός με θύμα εμένα.

XI.   Είναι συμπτώματα αρρώστειας;

XII.   Είναι το θέαμα του θανάτου;

XIII.   Σώματα χωρίς καρδιά.

XIV.   Άνθρωποι χωρίς Εγώ.

XV.   Σε βρώμικη λάσπη πνιγμένα τα παιδιά
          μου, κραυγάζω μα δεν μ' ακούν.

XVI.   Ανήμπορος, χωρίς φωνή, χωρίς σώμα,
          σαν φλεγόμενος σε άβυσσο,
          ολομόναχος, απελπισμένος από στιγμή
          σε στιγμή πεθαίνω.

Γιάννης Λαούρης

ΔΕΛΤΑ. Όνειρο

I.   Το βάρος έχει πια χαθεί. Αιωρούμαι;

II.   Για μια στιγμή, το δικό μου σώμα
        παρατηρώ. Τι κάνω εδώ;

III.   Τρέχω. Να προλάβω θέλω τόπους
        πολλούς να επισκεφτώ. Πεθαίνω να
        ονειρευτώ.

IV.   Πίσω μου με σιδερένια σχοινιά τρέχει ο
        εχθρός. Λογίζεται πως το όνειρο μπορεί
        να αλυσοδέσει. Αξιολύπητε.

V.   Με μια μου ματιά, εξατμίστηκε. Μια
         πόρτα σε άλλη διάσταση άνοιξε και εγώ
         μπήκα.

VI.   Λίγες οι στιγμές, αλλά η λάμψη μεγάλη.

VII.   Με μάτια κλειστά και όμως στο χρόνο
         μέσα προγόνους και απογόνους την ίδια
         στιγμή κατάφερα να δω.

VIII.   Τα μάτια ανοίγω, τα χέρια σφίγγω, το
         όνειρο στο ξύπνιο να κρατήσω.

ΕΨΙΛΟΝ. Προσευχή

I.   Σώμα μου, όχημα μου, θα σε προσέχω.

II.   Φρούτο μου, κρασί μου, θα σε απολαύσω.

III.   Λουλούδι μου θα σε μυρίσω.

IV.   Φεγγάρι μου θα σε αγναντέψω.

V.   Δέντρο μου θα σε ποτίσω.

VI.   Σύντροφε μου, θα σε προσέχω.

VII.   Παιδί μου, θα σε ελευθερώσω.

VIII.   Συνάνθρωπε μου, θα σε αγαπώ.

IX.   Όνειρα, ιδανικά μου, φιλοδοξίες μου,
        αναλλοίωτα στο χρόνο θα σας κρατήσω.

X.   Γη, ένα μαζί σου είμαι.

Γιάννης Λαούρης

ΖΗΤΑ. Εμβατήρια

I.   Σε ψευδοδιλλήματα δεν υποκύπτω.
        Ντιρλαντά ντιρλανταντά.

II.   Τους πολιτικούς θεούς δεν κάνω.
        Ντιρλαντά ντιρλανταντά.

III.   Τους τεχνοκράτες δεν τους πάω.
        Ντιρλαντά ντιρλανταντά.

IV.   Τους καναλάρχες δεν προσέχω.
        Ντιρλαντά ντιρλανταντά.

V.   Σε διαδηλώσεις δεν συμμετέχω.
        Ντιρλαντά ντιρλανταντά.

VI. Με σκέψεις και με λόγια πολεμώ.

VII. Με θέσεις και με έργα για μια καλύτερη ζωή παλεύω.

VIII. Κάθε τι το "ανθρώπινο" θα υπερασπιστώ.

Γιάννης Λαούρης

ΗΤΑ. Αγώνας

I.   Συνάνθρωπε, στο σάλπισμα θέλω να
         ανταποκριθώ.

II.   Σύντροφε, επιθυμώ να συνδεθώ.

III.   Με τις μυριάδες επαναστατημένες
         συνειδήσεις θέλω να συνενωθώ.

IV.   Σε πολεμική θητεία θα στρατευθώ.

V.   Στον πανανθρώπινο αγώνα θα
         αφοσιωθώ.

VI.   Θα υποταχθώ.

VII.   Τη διμοιρία μου θα συντάξω.

VIII.   Σε ρούχινο τσαντίρι θα στρατοπεδεύσω.

IX.   Το σχέδιο μάχης θα διακλαδώσω.

X.   Τον απατηλό κόσμο θα απαρνηθώ.

XI.   Ήττα ποτέ δεν θα δεχτώ.

XII.   Η επανάσταση αρχίζει εδώ.

XIII.   Η οθόνη βαραίνει, βουλιάζει.

XIV.   Όχι πια ηθοποιός. Φτάνει πια κομπάρσος
         στα όνειρα των άλλων.

XV. Αρνούμαι να συμμετέχω.

XVI. Σε δημιουργό και πρωταγωνιστή θα μετουσιωθώ.

XVII. Το σχέδιο μάχης θα συντάξω εγώ.

XVIII. Τις δικές μου σκέψεις θα σεβαστώ.

XIX. Στις δικές μου δυνάμεις θα βασιστώ.

ΩΜΕΓΑ. Επίλογος

XX.   Τα μάτια ανοίγω.

XXI.   Ο ψυχίατρος τα χέρια του κτυπά.

XXII.   Στον *πραγματικό* κόσμο να γυρίσω με καλεί.

XXIII.   *Δεν είμαι μόνος, είμαστε πολλοί.*

XXIV.   Η στιγμή του χωρισμού είναι πικρή.

XXV.   Τα πρόβατα από κεί.

XXVI.   Εσείς πατριώτες, κοπιάστε, γλυκό κρασί
        να πιούμε, την επανάσταση να
        αναγγείλουμε.

XXVII. Η Γης όλη από σένα κρατιέται.

XXVIII. Σε ικετεύει, Σώσε Με.

XXIX.   Ακούς;

www.ingramcontent.com/pod-product-compliance
Lightning Source LLC
Chambersburg PA
CBHW020816130626
46554CB00006B/2462